les serpents

Shelby Alinsky

Texte français de Marie-Josée Brière

L'arbre du vocabulaire

ANIMAUX

SERPENTS

PARTIES DU CORPS

queue
langue
capuchon
tête
crochets
écailles

vipère de Schlegel

Rampe, serpent!

Un crotale avance en rampant.

Rampe, serpent!

crotale diamantin de l'Ouest

Il agite la queue. Rrrrrrrr!

queue

C'est pour dire : « Sauvez-vous! »

Un serpent-roi avance en rampant.

serpent-roi de Chihuahua

Rampe, serpent!

Il sort la langue.

langue

Il sent avec sa langue.

Un cobra avance en rampant.

Rampe, serpent!

cobra royal

Ssss!
Il ouvre son capuchon.

tête

capuchon

C'est pour dire aux autres animaux de s'éloigner.

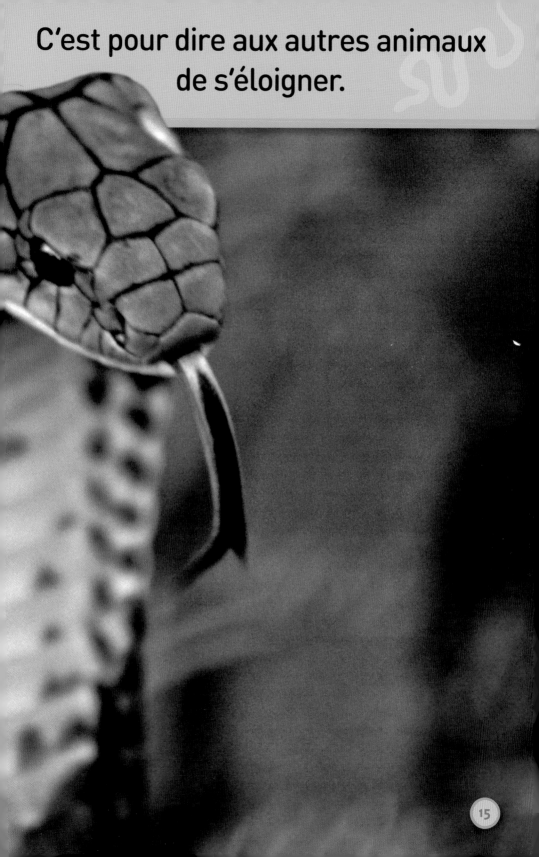

Une vipère avance en rampant.

Rampe, serpent!

vipère de Nitsche

Elle montre ses crochets.

crochets

Elle utilise ses crochets pour chasser.

boa constricteur

Un boa constricteur avance en rampant.

Ses écailles l'aident à ramper.

écailles

Rampe, serpent!
Au revoir!

Carte de l'habitat des serpents

On trouve des serpents dans le monde entier. Voici où ces serpents vivent.

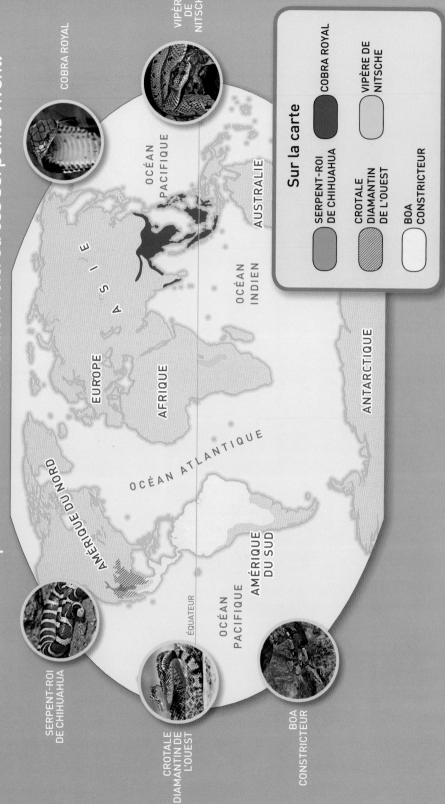

COBRA ROYAL

VIPÈRE DE NITSCHE

SERPENT-ROI DE CHIHUAHUA

CROTALE DIAMANTIN DE L'OUEST

BOA CONSTRICTEUR

Sur la carte

SERPENT-ROI DE CHIHUAHUA

COBRA ROYAL

CROTALE DIAMANTIN DE L'OUEST

VIPÈRE DE NITSCHE

BOA CONSTRICTEUR

ASIE

EUROPE

AFRIQUE

AMÉRIQUE DU NORD

OCÉAN PACIFIQUE

OCÉAN INDIEN

AUSTRALIE

ANTARCTIQUE

OCÉAN ATLANTIQUE

AMÉRIQUE DU SUD

OCÉAN PACIFIQUE

ÉQUATEUR

À TON TOUR!

Dessine un serpent.
Identifie les parties de son corps.

TOUS LES SERPENTS ONT

une tête
une queue
une langue
des écailles

CERTAINS SERPENTS ONT

un capuchon
des crochets

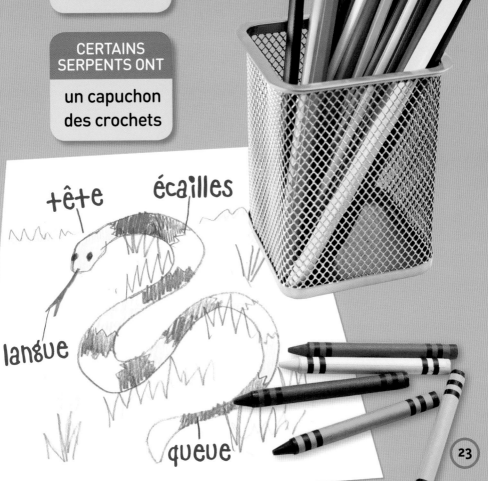

tête

écailles

langue

queue

23

L'éditeur tient à remercier Harold Voris, Ph.D, conservateur émérite au Field Museum of Natural History, qui a vérifié le contenu de ce livre et Susan B. Neuman, Ph.D., professeure spécialiste de la petite enfance et de l'alphabétisation à l'Université de New York, qui en a vérifié le niveau linguistique en anglais.

Catalogage avant publication de Bibliothèque et Archives Canada

Alinsky, Shelby
[Slither, snake! Français]
Les serpents / Shelby Alinsky ; texte français de Marie-Josée Brière.

(National Geographic kids)
Traduction de : Slither, snake!
ISBN 978-1-4431-5263-1 (couverture souple)

1. Serpents--Ouvrages pour la jeunesse. I. Titre. II. Titre : Slither, snake! Français III. Collection: National Geographic kids

QL666.06A5414 2016   j597.96   C2015-905731-0

Édition publiée par les Éditions Scholastic, 604, rue King Ouest, Toronto (Ontario) M5V 1E1 avec la permission de National Geographic Society.

5 4 3 2 1   Imprimé au Canada 119   16 17 18 19 20

Conception graphique : David M. Seager

Références photographiques :

Page couverture, Roger de la Harpe/Gallo Images/Getty Images; 1, Pete Oxford/Minden Pictures; 2-3, Papilio/Alamy; 4-5, Luciano Candisani/Minden Pictures; 6-7, Jasper Doest/Minden Pictures; 8-9, Rick & Nora Bowers/Visuals Unlimited, Inc./Getty Images; 10-11, Robert Harding World Imagery/Alamy; 12-13, Bruce Coleman Inc./Alamy; 14-15, Indiapicture/Alamy; 16-17, Michael Kern/Visuals Unlimited/Corbis; 18-19, reptiles4all/Shutterstock; 20-21, Pete Oxford/Minden Pictures; 21, Pete Oxford/Minden Pictures; 22, Rick & Nora Bowers/Visuals Unlimited, Inc./Getty Images; 22, Rolf Nussbaumer/naturepl.com; 22, Pete Oxford/Minden Pictures; 22, Indiapictures/Alamy; 22, Michael Kern/Visuals Unlimited/Corbis; 23 (crayons de couleur), Preto Perola/Shutterstock; 23 (dessin), personnel de la NGS; 23 (crayons de cire), Bogdan Ionescu/Shutterstock; 24 (en haut), Danita Delimont/Alamy; 24 (en bas), Michael & Patricia Fogden/Minden Pictures.

Page couverture : serpent des arbres; page titre : boa des jardins; page 24 : en haut, vipère de Schlegel; en bas, boa constricteur.

MIXTE
Papier issu de sources responsables
FSC® C103113
www.fsc.org

10%